Schulausgabe

Leserabe

2. Lesestufe

Erhard Dietl

Das Fehlerteufelchen

Mit Bildern von Christoph Schöne

Mildenberger Verlag
Ravensburger Buchverlag

Bibliografische Information der Deutschen Nationalbibliothek:

Die Deutsche Nationalbibliothek verzeichnet diese Publikation
in der Deutschen Nationalbibliografie.
Detaillierte bibliografische Daten sind im Internet
über **http://dnb.d-nb.de** abrufbar.

2 3 12 11 10

Ravensburger Leserabe

Umschlagbild: Erhard Dietl, nach einer Vorlage von Christoph Schöne
Umschlagkonzeption: Sabine Reddig
Printed in Germany
ISBN 978-3-619-14343-6
(für die gebundene Ausgabe im Mildenberger Verlag)
ISBN 978-3-473-38535-5
(für die broschierte Ausgabe im Ravensburger Buchverlag)

www.mildenberger-verlag.de
www.ravensburger.de
www.leserabe.de

Inhalt

Lisa sieht Gespenster

So ein schöner Sommertag!
Lisa hat das Fenster aufgemacht.
Die Sonne scheint ins Zimmer.
Lisa muss einen Aufsatz schreiben.

Viel lieber möchte sie
ins Freibad gehen.
Aber das geht nicht.
Zuerst muss der Aufsatz fertig sein,
hat Mama gesagt.
Lisa seufzt.

Die Überschrift hat sie schon
geschrieben:
„Mein schönstes Ferienerlebnis“
Und den ersten Satz:
„In den Ferien war ich
mit Mama und Papa am Meer.“

Was kann ich noch schreiben?,
grübelt Lisa.
Sie kaut an ihrem Füller.

Jetzt hat sie erst mal Durst.
Sie geht in die Küche
und schenkt sich
ein Glas Apfelsaft ein.
Dann kann sie weitermachen.

Lisa liest,
was sie geschrieben hat:
„Mein schenstes Verienerlebnis.
In der Verien war ich
mit Mama und Papa am Mehr“,
steht da im Heft.
Lisa erschrickt.
Hat sie das wirklich
so geschrieben?

Lisa nimmt den Tintentod und
verbessert schnell die Fehler.
Plötzlich hört sie ein Kichern.
„Hihihihihi!“
Bestimmt kommt es von draußen,
denkt Lisa.
Da hört sie es schon wieder.
Diesmal ist es ganz nah.
„Hihihihihi!“

Lisa wundert sich.
Ist noch jemand im Zimmer?
Das Kichern kommt
aus ihrer Schultasche!
Sie klappt die Tasche auf
und traut ihren Augen nicht.
In der Tasche sitzt
ein kleines rotes Männlein!

Es sieht aus wie ein Kobold,
hat eine kurze, spitze Nase
und einen roten Zylinder
auf dem Kopf.

„Beim Fehlermachen
muss man lachen!“,
kichert das Männlein.
„Wer bist denn du?“,
fragt Lisa erstaunt.

„Ich will gleich
deinen Radiergummi essen!
Hast du das vergessen?“,
sagt das Männlein.
„Meinen Radiergummi
brauch ich noch!“,
ruft Lisa.
„Bist du noch ganz dicht?“

„Dicht oder nicht,
das ist doch egal,
dann komm ich eben
ein anderes Mal!“
Der Kleine kichert.

Plötzlich ist er verschwunden.
Hat er sich einfach
in Luft aufgelöst?
Lisa reibt sich die Augen.
„Ich sehe wohl Gespenster!“,
ruft sie und macht sich wieder
an ihren Aufsatz.

Nach einer halben Stunde
ist Lisa fertig.
Sie steckt das Heft
in die Schultasche
und läuft aus dem Zimmer.
Jetzt kann sie endlich
ins Schwimmbad gehen.
„Mama! Ich bin fertig!“, ruft Lisa.
„Wo sind meine Badesachen?“

Eine schöne Bescherung

Am nächsten Tag in der Schule
darf Lisa ihren Aufsatz vorlesen.
„Na, wir sind alle gespannt,
was du geschrieben hast!“,
sagt Frau Sperling, die Lehrerin.

Lisa nimmt ihr Heft und liest vor.
„Mein schenstes Verienerlebnis.
In der Verien war ich
mit Mama und Papa am Mehr.

Einmal sind wirr
mit dem Booot hinausgevahren.
Wirr wollten Delfine beobachten …“

Lisa erschrickt.
Schon wieder so viele Fehler!
Warum hat sie das gestern
nicht gemerkt?
Sie hat sich doch
solche Mühe gegeben!
Trotzdem liest sie den Aufsatz
bis zum Ende vor.

„Schön geschrieben
und schön vorgelesen!“,
lobt Frau Sperling.
Sie wirft einen Blick in Lisas Heft.
„Bei der Rechtschreibung
hast du dich aber
nicht besonders angestrengt!“,
tadelt sie.

Da kichert es in Lisas Schultasche.
Schnell klappt Lisa die Tasche auf.
Doch sie sieht nur Hefte, Bücher
und ihr Pausenbrot.

„Was ist los?
Warum schaust du so
erschrocken?“,
fragt Marie, ihre Banknachbarin.
„Keine Ahnung“, sagt Lisa.
„Ich glaub, ich spinne!“

In der nächsten Stunde
haben sie Rechnen.
Im Rechnen ist Lisa ganz gut.
Wie viel ist 15 + 7, 35 – 7, 56 + 9 ?
Bald hat Lisa
alles richtig ausgerechnet.
Das war ganz leicht.

Frau Sperling schaut in Lisas Heft.
15 + 7 = 25, 35 – 7 = 26, 56 + 9 = 63
steht da.
„Du machst heute aber
viele Fehler!“,
wundert sich Frau Sperling.
„Ich kann doch nichts dafür!“,
jammert Lisa.
„Ich hab bestimmt alles
richtig gerechnet!
Und trotzdem ist es jetzt falsch!“

„Na, da wird wohl
ein Fehlerteufelchen
am Werk sein!“,
sagt Frau Sperling.
„Genau! Ein Fehlerteufelchen!
Gestern hab ich
es gesehen!“,
ruft Lisa.

Frau Sperling lacht
und sagt zu den Kindern:
„Zur Übung macht jeder
bis morgen
die Rechnungen aus dem Buch,
Seite 44.

Aber ganz allein
und ohne Fehlerteufelchen!“

Nach der Schule fragt Marie:
„Kommst du heute wieder
ins Freibad?“
„Klar“, sagt Lisa. „Gleich, wenn ich
die Hausaufgaben fertig habe!“

Lisa läuft schnell nach Hause.
Heute gibt es Fischstäbchen
und Kartoffelbrei.

Lustlos stochert Lisa
in ihrem Essen herum.
Dauernd muss sie
an ihre dummen Fehler denken.
Und an das,
was Frau Sperling gesagt hat.
„Was ist denn dir für eine Laus
über die Leber gelaufen?“,
fragt Mama.
„Keine Laus“, seufzt Lisa.
„Nur ein Fehlerteufel!“

Leckere Radiergummis und uralte Hefte

Nach dem Essen will Lisa gleich
die Hausaufgaben machen.
Sie fängt mit den Rechnungen an.
Wie viel ist 15+22?
37, schreibt Lisa ins Heft.
Bald hat sie alle Aufgaben fertig.
Eine ganze Seite voll.

„Hihihihi!“,
hört sie den roten Kobold kichern.
Er sitzt auf einmal
neben ihrem Heft!

„Du schon wieder!“, ruft Lisa.
Erschrocken schaut sie
auf die Rechenaufgaben.
15+22=41, steht da.
Das hat sie nicht geschrieben!
Auch die anderen Aufgaben
sind alle falsch.

Das Männlein ruft:
„Ich kann die schönsten Fehler
machen!
Ich habe immer was zu lachen!“
Es hat seinen Zylinder
abgenommen
und wischt sich den Schweiß
von der Stirn.
Lisa sieht zwei kleine spitze Hörner
auf seinem Kopf.

„Ob Regen oder Sonnenschein,
Fehler müssen immer sein!“,
sagt das Fehlerteufelchen.

„Müssen gar nicht sein!“,
ruft Lisa ärgerlich.
„Wegen dir hab ich nur
Ärger und Arbeit!
Bring das sofort wieder
in Ordnung!“

„Ordnung ist kein Spaß!
Dafür gibst du mir dann was!“
Das Fehlerteufelchen kichert.
„Ich will deinen Radiergummi!
Gib mir deinen Gummi,
kleiner Dummi!
Dann mach ich alles wieder richtig,
das ist dir doch so superwichtig!“

„Na, von mir aus“, brummt Lisa.
Sie kramt ihren grauen Ratzefummel
aus dem Federmäppchen.

Das Fehlerteufelchen schnappt
danach wie ein kleiner Hund.
„Lecker schmecker!“,
sagt es strahlend.
„Gib mir noch so einen!
So einen kleinen, feinen!“

„Das war mein einziger!“,
sagt Lisa.
„Ich hab keinen mehr!“
„Dann musst du eben laufen
und noch einen kaufen!“,
kichert das Fehlerteufelchen.

Langsam verliert Lisa die Geduld.
„Jetzt lauf schon los!
Mein Hunger ist sooo groß!“,
bettelt das Fehlerteufelchen.
Es schaut sie mit großen Augen an.

Lisa nimmt ihren Geldbeutel
und läuft schnell hinüber
zum Schreibwarenladen.
Dort kauft sie
einen großen blauen Radiergummi.

Das Fehlerteufelchen ist zufrieden.
Es beißt ein Stück davon ab
und schluckt es hinunter.
Das ist seine Lieblingsspeise!
Dafür macht es alles!

Lisa hört es leise rülpsen.
„Am besten sind die Blauen,
noch besser als die Grauen!“,
sagt es.

„Los!“, befiehlt Lisa.
„Mach jetzt meine Aufgaben.
Aber richtig!
Du hast es versprochen.“

Das Fehlerteufelchen setzt sich
aufs Rechenheft
und wedelt mit seinem Zylinder
über die Rechenaufgaben.

Wie von Zauberhand hat es
alles korrigiert.
Alles ist jetzt richtig gerechnet.

„Siehst du mal,
so schnell geht das,
aber das macht keinen Spaß“,
sagt das Fehlerteufelchen
und setzt seinen Zylinder
wieder auf.
„Fehler machen ist viel netter
bei dem heißen Sommerwetter.“

„Verschwinde jetzt“, sagt Lisa.
„Ich will ins Schwimmbad gehn!“
„Ich will aber bei dir bleiben
und mir hier die Zeit vertreiben“,
sagt das Fehlerteufelchen trotzig.
Es setzt sich an den Tischrand
und verschränkt die Arme.

„Ich will noch viele Fehler machen!
Über Fehler kann ich lachen!“

Lisa seufzt.
Der Kleine ist ganz schön nervig.
Dann hat sie eine Idee.
„Komm mit in den Keller“, sagt sie.
„Da hab ich was für dich.
Das wird dir gefallen!“

Schon läuft sie aus dem Zimmer,
die Kellertreppe hinunter.
Das Fehlerteufelchen wuselt
neugierig hinter ihr her.

Im Keller steht
eine verstaubte Umzugskiste.
Lisa klappt den Deckel auf
und kramt in der Kiste herum.

Sie zieht einen Packen
alter Hefte heraus.
„Das sind uralte Schulhefte
von meinem Papa!“,
sagt sie zum Fehlerteufelchen.
„Die kannst du
alle haben!

Da kannst du so viele Fehler
reinmachen, wie du willst!"
Das Fehlerteufelchen reibt sich
begeistert die Hände.
„Wie wunder-, wunderschön!
Wir werden tausend Fehler sehn!",
ruft es.

Jetzt kann es sich richtig austoben.
„Dafür will ich dich
in meiner Schultasche
nie mehr sehen!", sagt Lisa.

Das Fehlerteufelchen setzt sich
in die Ecke.
Es klappt das erste Heft auf
und macht sich an die Arbeit.

Am nächsten Tag in der Schule
zeigen die Kinder der Lehrerin
ihre Hausaufgaben.
„Prima, Lisa! Du hast alles
richtig gerechnet!“,
lobt Frau Sperling.
„War doch ganz leicht!“, sagt Lisa.

Frau Sperling schaut
ins Heft von Marie
und runzelt die Stirn.
„Da ist ja alles falsch!“
Marie macht ein langes Gesicht.
„Wie kann das sein?“, ruft sie.
„Ich hab doch alles
richtig gerechnet!“

„Ich weiß schon, was da los ist“,
sagt Lisa zu Marie.
„Du hast bestimmt
ein Fehlerteufelchen.
Aber das ist gar kein Problem.
Du brauchst nur
ein paar Radiergummis –
und alte Schulhefte!
Pass auf, ich erklär dir,
was du tun musst …!“

Leserätsel

mit dem Leseraben

Super, du hast das ganze Buch geschafft!
Hast du die Geschichte ganz genau gelesen?
Der Leserabe hat sich ein paar spannende
Rätsel für echte Lese-Detektive ausgedacht.
Mal sehen, ob du die Fragen beantworten kannst.
Wenn nicht, lies einfach noch mal auf den Seiten
nach. Wenn du die richtigen Antwortbuchstaben
in die Kästchen auf Seite 41 eingesetzt hast,
bekommst du das Lösungswort.

Fragen zur Geschichte

1. Warum kann Lisa nicht sofort ins Freibad gehen? (Seite 5)
R: Weil sie noch ihren Aufsatz fertig schreiben muss.
K: Weil es zu kalt ist.

2. Was passiert beim Rechnen in der Schule? (Seite 18)
U: Das Fehlerteufelchen erklärt die Aufgaben.
E: In Lisas Heft sind ganz viele Fehler.

3. Was hat das Fehlerteufelchen auf seinem Kopf? (Seite 24)
L: Viele grüne Haare.
C: Einen Zylinder und darunter zwei kleine spitze Hörner.

4. Was will das Fehlerteufelchen von Lisa haben? (Seite 26)

N: Einen Radiergummi.

D: Etwas zu trinken.

5. Warum macht das Fehlerteufelchen Fehler in Lisas Heft? (Seite 32)

E : Weil es über Fehler lachen kann.

A: Weil es nicht rechnen kann.

6. Wie wird Lisa das Fehlerteufelchen los? (Seite 34/35)

M: Sie sperrt es auf den Dachboden.

N : Sie gibt ihm die alten Schulhefte ihres Papas.

Lösungswort:

1 R	2 E	3 C	H	4 N	5 E	6 N

Rabenpost

Super, alles richtig gemacht! Jetzt wird es Zeit für die RABENPOST.
Schicke dem LESERABEN einfach eine Karte mit dem richtigen Lösungswort. Oder schreib eine E-Mail.
Wir verlosen jeden Monat 10 Buchpakete unter den Einsendern!

An den LESERABEN
RABENPOST
Postfach 20 07
88 190 Ravensburg
Deutschland

leserabe@ravensburger.de
Besuche mich doch mal auf meiner Webseite:
www.leserabe.de

Leichter lesen lernen mit der Silbenmethode

Durch die farbige Kennzeichnung der einzelnen Silben lernen die Kinder leichter lesen. Das gelingt folgendermaßen:

1. Die einzelnen Wörter werden in Buchstabengruppen aufgeteilt. Diese kleinen Gruppen sind leichter zu erfassen als das ganze Wort.
2. Die Buchstabengruppen sind ganz besondere Einheiten: Sie zeigen die Sprech-Silben an. Die Sprech-Silben sind der Schlüssel, um ein Wort richtig lesen und verstehen zu können.

Zum Beispiel können bei dem Wort „Giraffe" auch die ersten drei Buchstaben „Gir" als Gruppe gelesen werden: Gir - af - fe. Das könnte dann der Name einer besonderen Affenart sein.
Mit den farbigen Silben dagegen werden sofort die richtigen Buchstabengruppen erkannt: Gi - raf - fe. Beim Lesen ergibt sich automatisch der richtige Sinn. Es ist das Tier mit dem langen Hals gemeint.

Warum ist das so?
Beim Lesen in **Sprech-Silben** klingen die Wörter so, wie wir sie **sprechen** und **hören**. So kann der Sinn der Texte leichter entschlüsselt werden – lesen macht Spaß!
Sobald das Lesen flüssig gelingt, können auch alle Texte ohne farbige Silben sicher erfasst werden. Durch das Training erkennen die Kinder die Sprech-Silben automatisch.
Dadurch lesen alle Leseanfänger leichter und besser – und auch die nicht so starken Leser können schneller Erfolge erzielen.

Die farbigen Silben helfen nicht nur beim Lesen, sondern auch bei der **Rechtschreibung**. Sie machen die Struktur der deutschen Sprache sichtbar. Der Leseanfänger nimmt von Anfang an die Silbengliederung der Wörter wahr – und kann so die richtige Schreibweise ableiten.

Markieren die farbigen Silben die Worttrennung?
Die farbigen Silben zeigen die Sprech-Silben eines Wortes an. In den allermeisten Fällen ist das identisch mit der möglichen Worttrennung am Zeilenende. In erster Linie bei der Trennung einzelner Vokale (a, e, i, o, u; z. B. E-va, O-fen, Ra-di-o) gibt es einen Unterschied: Nach der aktuellen Rechtschreibung werden diese am Zeilenende nicht abgetrennt. Da diese Wörter aber mehrere Sprech-Silben haben, sind diese auch mit zwei Farben gekennzeichnet: Eva, Ofen, Radio, beobachten.

Weitere Informationen zur Silbenmethode auf: www.silbenmethode.de

Ravensburger Bücher Unsere Empfehlung

Leserabe

Leichter lesen lernen mit der Silbenmethode

ISBN 978-3-473-**38532**-4*
ISBN 978-3-619-**14340**-5**

ISBN 978-3-473-**38533**-1*
ISBN 978-3-619-**14346**-7**

ISBN 978-3-473-**38534**-8*
ISBN 978-3-619-**14341**-2**

ISBN 978-3-473-**38539**-3*
ISBN 978-3-619-**14348**-1**

ISBN 978-3-473-**38538**-6*
ISBN 978-3-619-**14342**-9**

ISBN 978-3-473-**38535**-5*
ISBN 978-3-619-**14343**-6**

ISBN 978-3-473-**38536**-2*
ISBN 978-3-619-**14344**-3**

ISBN 978-3-473-**38540**-9*
ISBN 978-3-619-**14347**-4**

ISBN 978-3-473-**38541**-6*
ISBN 978-3-619-**14349**-8**

ISBN 978-3-473-**38537**-9*
ISBN 978-3-619-**14345**-0**

* **Broschierte Ausgabe**
bei Ravensburger

** **Gebundene Ausgabe**
bei Mildenberger

Mildenberger Verlag

Ravensburger

www.ravensburger.de / www.mildenberger-verlag.de

ERZ_09_006